LE LYCÉE

DU MANS

PENDANT LA GUERRE CONTRE LA PRUSSE

PAR

Le Docteur A. GARNIER

MÉDECIN DU LYCÉE.

LE MANS
TYPOGRAPHIE EDMOND MONNOYER
12, PLACE DES JACOBINS, 12

1872

Ces pages n'étaient pas destinées à la publicité.

Le Ministre de l'Instruction publique ayant adressé une circulaire aux proviseurs des Lycées, pour s'enquérir si des mesures convenables avaient été prises pour désinfecter les établissements qui avaient servi, pendant la guerre, de casernes ou d'ambulances, nous avons dû faire appel à nos souvenirs pour répondre aux renseignements demandés.

Nous avons donc revu à la hâte et mis en ordre les notes que nous avions prises dans ces tristes circonstances. Ces notes étaient bien rares, trop écourtées et souvent bien incomplètes, mais nous les avions recueillies à une époque où nous avions peu de loisirs, et où le temps n'était guère aux travaux scientifiques.

Chargé de nombreuses ambulances, soit publiques, soit privées, la journée ne pouvait suffire à la visite de tous nos malades, et quand, harassé de fatigues, nous rentrions la nuit à notre demeure, les nouvelles affligeantes qui nous arrivaient de tous côtés du théâtre de la guerre, nous enlevaient ce qui nous restait de force et de courage.

Je parlerai plus loin du personnel du Lycée, mais qu'il me soit permis ici de rendre justice à quelques-unes des personnes qui nous ont aidé dans le service d'une de nos grandes ambulances.

L'ambulance Vallée, rue de l'Etoile, sous la direction de Mme Raguideau, a donné asile à de nombreux blessés et a été peuplée de maladies contagieuses. La crainte du danger n'a cependant pas empêché plusieurs dames de nous apporter leur concours le plus dévoué. Je citerai, entre autres, MMmes des Mares, Leret-d'Aubigny, Raguideau. Ces deux dernières, victimes de leur dévouement, ont contracté la scarlatine.

Nous ne pouvons également que mentionner avec les plus grands éloges M. Julien, propriétaire, rue du Quartier-de-Cavalerie, qui malgré son âge avancé, dès le début de la guerre, s'était engagé dans les francs-tireurs de la Sarthe (commandant M. de Vauguyon), et qui, après la dissolution de ce corps franc, se consacra jour et nuit à soigner nos malades et installa même, à sa maison de campagne, sur la route de Paris, un asile de convalescence.

Nous citerons également MM. Beauvais, Coutard, Repusseau, Rousseau, jeunes séminaristes chargés des pansements, et enfin MMlles Beauvais, préposées à la lingerie, et qui contractèrent dans les salles une varioloïde légère.

Diverses accusations ont été portées contre les ambulances particulières. Pour nous, dans toutes celles où nous avons été appelé à donner nos soins, nous avons toujours rençontré le plus grand zèle et la meilleure volonté. Les malades admis y ont toujours été soignés avec le plus grand dévouement, mais on conviendra qu'il était difficile de recevoir, dans une maison privée, et indistinctement, les soldats atteints des maladies les plus diverses. En dehors de la crainte de la contagion, où trouver, à cette époque, un personnel suffisant pour veiller jour et nuit les malades gravement atteints ? Quelle maison avait une lingerie suffisante pour entretenir proprement des fiévreux, des varioleux et tous malades dont les objets de literie doivent être renouvelés chaque jour ?

Pour nous, nous croyons que les ambulances privées ont rendu au Mans de très-grands services, mais qu'elles en auraient rendu bien davantage, si leur organisation eût été différente.

S'il eût existé un Bureau central d'admission dans les hôpitaux, pour les militaires, — et pour son installation il n'y avait qu'à copier l'organisation des hôpitaux de Paris, — on eût pu diriger sur les ambulances privées toute une catégorie de malades. Ces maisons hospitalières se seraient ouvertes à celui qui portait un billet d'entrée, alors que la plupart du temps, et par crainte d'une maladie contagieuse, la porte restait close. Nous n'eussions pas eu ce spectacle de malheureux soldats, errant dans les rues, frappant à toutes les portes avec la lettre d'ambulance du chirurgien de leur régiment, et repoussés partout, réduits à se coucher sur les trottoirs. Qu'on n'accuse pas pour cela d'inhumanité ceux qui n'acceptaient pas tous ces malades, car ce qu'on pourrait justement reprocher aux ambulances privées, c'est qu'elles devenaient pour le soldat un asile où il trouvait trop vite l'oubli de son régiment. Au bout de peu de jours, le malade était l'ami de la maison, et même après la guérison on hésitait à prononcer son renvoi. Une surveillance assez active eût dû être organisée pour remédier à cet abus.

Le drapeau de la Convention de Genève abritait toutes les ambulances de la ville, et le jour de l'entrée des Allemands, plusieurs particuliers recueillirent à la hâte quelques blessés, et tachèrent de sauvegarder leur demeure en la mettant sous le couvert de la neutralité. Peu de maisons cependant furent à l'abri de l'occupation prussienne. L'ennemi entra dans toutes les ambulances et prit possession pour ses hommes et pour ses chevaux de celles qu'il trouva convenables ; de quelques-unes même, pendant le combat, il fit une véritable forteresse.

Que penser alors d'une Convention dont on respecte ainsi les clauses ? La guerre a, je le sais, des nécessités terribles, mais c'est parce que ces nécessités peuvent se présenter à chaque instant, qu'il est inutile d'établir une convention que le vaincu est hors d'état de faire respecter, et que chacune des deux parties cherchera toujours à utiliser à son profit.

On a reproché à nos barbares ennemis, dans la dernière guerre, de se faire adresser les munitions dont ils avaient besoin, sous le couvert du drapeau de la Convention de Genève. En outre, n'ont-ils pas souvent forcé nos ambulances, sous le prétexte assez plausible qu'on y cachait des gens valides et en état de porter les armes. Il faut bien avouer du reste que dans toute guerre, le vaincu, voyant son pays envahi, cherchera toujours à sauvegarder sa personne et sa demeure en les couvrant du drapeau de la neutralité, et cela souvent aux dépens de son voisin, qui aura seul à supporter la lourde charge de l'invasion.

Tant qu'il n'y aura pas de tribunal international, tant qu'un ministre pourra, d'un cœur léger, exposer sa patrie à la ruine et à la désolation, la guerre existera et sera, de tous les fléaux, le plus terrible.

Quelque convention que l'on établisse, après la bataille le vaincu sera à la merci du vainqueur ; mais de même qu'aujourd'hui on ne massacre pas les prisonniers, on ne refusera pas les secours aux blessés. Il n'est pas nécessaire pour cela d'une convention qui les fasse respecter et qui abrite, sous le manteau de la neutralité, tout un personnel qui en pourrait trop facilement sortir.

Quand il s'agit de porter secours aux victimes de la guerre, les dévouements ne sont pas rares, et le département de la Sarthe en a offert de nombreux exemples, dès le début de cette malheureuse campagne, qui devait se terminer par l'invasion.

Alors que les hostilités n'étaient pas encore commencées, et que rien ne pouvait faire prévoir des désastres aussi épouvantables, la plupart des Dames de la ville se réunissaient, à la Préfecture d'abord, et plus tard à l'hôtel de la Recette générale, pour y disposer, en appareils de pansement, tout le linge envoyé des différentes communes du Département. Dès cette époque, de nombreux lits étaient mis de tous côtés par les particuliers à la disposition des malades, et personne ne songeait assurément alors avoir besoin, dans quelques semaines, d'arborer sur sa demeure la croix rouge de la Convention de Genève.

LE LYCÉE DU MANS PENDANT LA GUERRE

1° AVANT L'INVASION

En 1870, la rentrée des études avait été fixée, pour le Lycée du Mans, au 4 octobre. Le jour de la distribution des prix, la fortune paraissait nous sourire, et la prise de Saarbruck nous était pompeusement annoncée ; mais les événements changèrent vite de face, et nos revers furent tels, qu'il était difficile de compter sur la rentrée d'un grand nombre d'élèves. Il s'en fit cependant inscrire 330, comme internes ou comme externes.

Les bruits du dehors n'étaient pas sans retentir dans l'intérieur de l'Établissement ; aussi le chiffre des élèves alla chaque jour en diminuant, et peu de temps après le 23 novembre, lors de la panique qui mit sous les armes le 3e bataillon de la garde nationale du Mans, bataillon que nous accompagnâmes, comme chirurgien-major, à Champagné, à quelques kilomètres de l'ennemi, le nombre des élèves internes tomba au-dessous de dix. Mais le calme se rétablit bientôt dans les esprits, quand il fut démontré que l'armée ennemie ne menaçait pas la ville, mais exécutait un mouvement tournant contre l'armée de la Loire. La plupart des élèves internes rentrèrent au bout de quelques jours.

Les professeurs, du reste, ne s'occupaient pas du mouvement des pensionnaires et continuaient de faire leurs cours avec une grande régularité, le nombre des externes étant encore assez considérable. Si le Lycée ne fut pas fermé à cette époque, il le dut à l'énergie de M. le Proviseur Alliou, qui, soutenu par le Préfet, M. Le Chevallier, sut résister aux prétentions de l'Intendance militaire et de l'Administration municipale du Mans, qui voulaient convertir cet établissement en un vaste hôpital. L'Université eut en lui un défenseur d'autant plus zélé, qu'il s'appuyait sur la science, qui a toujours condamné la grande agglomération des malades.

Le Lycée n'avait cependant pas attendu la menace de l'invasion pour payer sa dette aux ambulances. Dès le début de la guerre, Mme Alliou, femme du Proviseur, avait collectionné tout le vieux linge que possédait l'Etablissement, et l'avait adressé au Comité de Secours aux blessés. Peu de temps après, tous les lits disponibles étaient installés et envoyés dans les hôpitaux provisoires qui venaient d'être fondés.

Vers la fin de novembre, l'affluence des malades devint si considérable, par suite de toutes les troupes de passage au Mans, qu'il fallut songer à ouvrir une ambulance au Lycée.

Deux vastes dortoirs furent consacrés à cet usage et munis de soixante lits, les seuls de dimension convenable qui restaient encore dans l'Etablissement.

Chaque lit fut muni d'un sommier élastique, d'un matelas et d'un traversin.

Grâce à l'activité déployée par M. Lesueur, commis d'économat, en peu de jours les lits furent mis en place, des poêles furent installés dans les salles, des vasistas placés à presque toutes les fenêtres. Une fosse mobile fut en outre disposée dans chaque pièce, derrière un paravent.

Un de nos dortoirs fut spécialement consacré aux maladies internes ; l'autre, plus vaste, moins encombré, fut destiné aux blessés.

Le 2 décembre, nous recevions nos premiers malades.

Pendant cinquante et un jours que le Lycée est resté ouvert aux malades français, du 2 décembre 1870 au 21 janvier 1871, nous avons eu à soigner 205 malades, qui nous ont présenté 2391 journées de maladie.

Il nous serait impossible de donner le chiffre exact de la mortalité : plusieurs malades sont morts quelques heures après leur entrée dans les salles et sans avoir eu le temps de recevoir notre visite ; d'autres ont été évacués avant leur guérison. Mais au Lycée, comme dans les autres ambulances, presque toutes les maladies se présentaient avec un caractère de gravité exceptionnelle.

Dans notre service de médecine, nous avons eu surtout à observer des fièvres éruptives : scarlatines, rougeoles, varioles.

Nous devions évacuer nos varioleux sur des établissements spéciaux ; mais ce service, comme tant d'autres, laissant beaucoup à désirer, nous fûmes obligés de garder nos malades et de leur consacrer une salle de huit lits, parfaitement isolée. Nous avons eu en outre à traiter de nombreux cas de fièvre typhoïde, presque tous sérieux, et toute une série d'affections catarrhales plus ou moins graves et affectant presque toutes les membranes muqueuses.

Notre salle des blessés nous présenta les accidents les plus divers, et dus aux armes à feu. Aucune plaie n'avait été produite par des armes blanches et presque toutes étaient dues à des balles.

La plupart des blessés avaient reçu les premiers soins avant d'entrer dans notre ambulance, et ce n'est que dans les jours qui précédèrent la prise du Mans que nous eûmes à faire les premiers pansements. Aucun de nos malades ne nous a présenté de *pourriture d'hôpital*, affection qui s'est montrée si fréquemment pendant la guerre, et que nous avons rencontrée sur plusieurs malades, mais dans des ambulances qui étaient loin de présenter les mêmes conditions hygiéniques que le Lycée.

Nous avons observé plusieurs cas d'*hémorrhagie secondaire*, mais un seul nous a présenté de la gravité. Le sujet portait une plaie qui s'étendait de l'aine au creux poplité ; elle était due à une balle qui, comme on le voit, avait suivi le trajet de l'artère crurale. La blessure datait d'une quinzaine de jours et paraissait en bonne voie de guérison, quand une première fois, au milieu de la nuit, une hémorrhagie abondante se déclara. On parvint à l'arrêter à l'aide d'une compression énergique, mais, peu de temps après, le sang recommença à couler, la suppuration devint sanieuse, et le malade, évacué sur un autre service, ne tarda pas à succomber.

Nous eûmes encore à traiter plusieurs cas de congélation des orteils, dont quelques-uns fort graves.

Un malade nous présenta une gangrène spontanée de la jambe ; évacué sur l'hôpital, il y subit l'amputation et succomba.

Les conditions excellentes dans lesquelles nous nous trouvions, nous ont fait regretter souvent l'impossibilité dans laquelle nous nous trouvions de pratiquer de grandes opérations chirurgicales ; mais pour ces opérations, il faut au moins un aide, et nous n'avions, et encore en dernier lieu, pour faire nos pansements, que deux jeunes séminaristes pleins de zèle et de bonne volonté, mais que la vue du sang faisait tomber en syncope. Nous avions soixante lits d'installés et constamment occupés, mais, grâce au désordre qui régnait dans la réception des malades, nous avons eu souvent, à la fois, quatre-vingts sujets soumis à nos soins. Nous en étions réduits alors à faire coucher les nouveaux venus sur des matelas, au milieu des salles. S'ils étaient trop gravement atteints, nous leur faisions prendre la place de convalescents.

L'encombrement que nous observions tenait, du reste, à plusieurs causes, mais la principale, c'est que le Lycée, tout en conservant ses élèves, servait en même temps de caserne. Le parloir, la chapelle, quelques classes étaient occupés par des soldats, des gendarmes; les mobilisés de la Loire-Inférieure y sont restés plusieurs semaines. Tous les jours, de nombreuses séries de militaires venaient chercher de la tisane dans les salles, et les plus malades nous restaient, le plus souvent sans billets d'admission.

Les mobilisés de la Loire-Inférieure nous ont offert un nombreux cortége d'affections catarrhales. Nous avons même observé chez eux une véritable épidémie d'angines inflammatoires, fait qui n'a rien d'étonnant, si l'on se rappelle qu'au milieu d'un hiver aussi rigoureux, ces malheureux soldats, à peine incorporés, incomplétement vêtus, venaient de passer plusieurs nuits en plein air.

Pendant que dura l'ambulance du Lycée, le service fut fait sous ma direction et avec le plus grand dévouement par Mme Beziers, religieuse de la communauté d'Evron et Supérieure des sœurs du Lycée. Elle fut admirablement secondée dans son œuvre par Mme Justine Groussard, sœur converse de la même communauté, et par Mme Olympe Louapre, employée en temps ordinaire à la lingerie.

Jusqu'à ce qu'on nous eût envoyé deux séminaristes, et plus tard deux infirmiers militaires, ces dames se sont partagé le service de nuit avec le veilleur de l'Etablissement.

M. le Proviseur Alliou assistait tous les matins à la visite des malades et venait plusieurs fois par jour dans les salles, s'assurer lui-même de l'ordre et de la régularité du service.

M. Grondin, économe, s'occupait de la comptabilité, tenait les registres d'entrée et de sortie des malades.

M. Demontcuit, maître surnuméraire au Lycée, tenait chaque jour notre cahier de visites et contracta même la variole vers la fin de notre ambulance.

M. l'abbé Cartraux, aumônier, prodiguait à tous ces malheureux les soins et les consolations de son ministère.

Enfin M. Lesueur, commis d'économat, au zèle et à l'intelligence duquel on ne saurait trop rendre justice, passait sa vie dans les salles, jour et nuit à la disposition des malades ; c'est lui qui se chargeait en outre des relations avec l'Intendance, relations dont il est loin d'avoir eu toujours à se louer. Qu'il nous soit permis de citer, comme pièce à l'appui, la lettre suivante qu'il nous adressait peu de temps après l'ouverture de notre ambulance, et à laquelle nous laissons son cachet d'originalité :

« *Le Mans, le* 9 *décembre* 1870.

« Monsieur le Docteur,

« Vous savez dans quelles conditions a été établie l'ambulance du Lycée ; vous savez comment les malades y sont soignés, malgré le peu de personnel dont nous pouvons disposer ; vous savez aussi que chacun, dans la maison, cherche, autant que possible, à être agréable et utile à tous les pauvres jeunes gens qui nous arrivent, et qui (je suis autorisé à le dire) semblent emporter de nous le meilleur souvenir. C'est encore poussé par le désir de leur rendre service, que M. l'Econome m'a chargé hier d'aller à l'Intendance. Permettez-moi de vous raconter comment j'y ai été reçu, et vous verrez après cela comment on y juge les meilleures intentions.

« D'abord, je suis entré avec un peu de peine. Arrivé au premier, dans le bureau, je me suis adressé à un grand jeune homme bienveillant et poli à qui j'ai exposé les motifs de ma visite. Il m'a conduit à un capitaine qui écrivait et lui a dit qu'un Monsieur désirait lui parler. Après un moment, le capitaine se tourne et, me regardant, s'écrie d'un ton de colère : Qu'est-ce qu'il veut, *cet homme-là ?* Je lui ai répondu que cet homme-là venait le prier de lui donner quelques renseignements sur la manière de constater la sortie des malades et sur les certificats qu'il y avait à leur délivrer pour que ces pièces fussent rédigées tout de suite d'une manière convenable. — Est-ce que ça me regarde, moi? Est-ce qu'on dérange les gens pour des choses pareilles ? C'est l'affaire des médecins, etc., etc. (A ces paroles il faut joindre le ton.) Après cette sortie de ce capitaine, que je n'avais, il me semble, aucunement motivée, j'hésitais à faire une dernière demande, pour savoir ce que nous toucherions par malade, quelques-uns des messieurs qui sont venus au Lycée au sujet de l'ambulance ayant promis 1 fr. 25 par homme, les autres 1 fr. 50. Cependant je me décide à tout hasard, et mal m'en a pris. Ce fut alors une explosion de colère ironique accompagnée d'un fameux dithyrambe sur le patriotisme, sur les drapeaux et les ambulances. Je regrette de ne pouvoir reproduire en entier ce morceau d'éloquence, parce que je ne l'ai pas bien retenu, tant j'étais abasourdi. Cependant il finissait par ces mots : Allez, allez, Monsieur, vous produirez des états et on vous payera. Ayez beaucoup de malades; plus vous en aurez, plus vous aurez d'argent. Tout cela dit, bien entendu, avec un ton qu'il serait difficile de qualifier.

« Là-dessus, j'ai tourné les talons en me demandant s'il est encore permis, de nos jours, à un employé quel qu'il soit, de recevoir de la manière que je vous raconte un autre employé qui se présente avec convenance et pour les besoins du service.

« Veuillez agréer, Monsieur le Docteur, l'assurance de mon respectueux dévouement.

« *Le Commis d'économat du Lycée,*

« P. Lesueur. »

2° PENDANT L'INVASION

Dans les premiers jours de janvier 1871, on croyait si peu à l'invasion allemande, que cinquante-cinq élèves rentraient comme pensionnaires. Il en restait environ vingt le jour de la prise du Mans.

Le 11 janvier, l'ordre nous arriva de faire évacuer tous les malades qui pouvaient se tenir debout, mais nous avions reçu tant de fois des ordres semblables, qu'il était impossible d'en tirer aucune conséquence ; et c'est sur d'autres signes que nous tirâmes la conclusion que la ville allait tomber au pouvoir de l'ennemi.

Malgré le ton rassurant des dépêches officielles, beaucoup trop rares au gré des habitants de la ville, qui se trouvaient plus que jamais intéressés au résultat de la bataille, il était évident que le centre de l'action se rapprochait de nous de jour en jour. On avait beau nous affirmer que nous avions conservé toutes nos positions, les soldats, qui battaient en retraite, perdaient chaque jour du terrain, et notre malheureuse cité allait bientôt se trouver réduite à elle-même.

Tous les militaires que nous eûmes à soigner dans la journée du 11 étaient unanimes pour annoncer notre défaite, et un officier à qui nous pratiquâmes, dans la nuit, l'extraction d'une balle dans l'épaule, nous assura que les Prussiens entreraient au Mans le lendemain, dans la matinée.

Cet officier nous disait la vérité.

Dans la nuit du 11 au 12 janvier, les Prussiens surprirent la position du Tertre-Rouge, sur la route de Tours, à deux kilomètres de la ville.

A quelle heure le général Chanzy en fut-il informé ?

Dans la matinée du 12, l'ennemi commença à bombarder la ville, et un obus qui tomba à dix heures sur la caserne de la Mission annonça à nos soldats, qui n'avaient reçu aucun ordre de départ, que les faubourgs du Mans allaient être occupés. La mine qui devait faire sauter le pont de Pontlieue ayant manqué son effet, les soldats allemands arrivèrent rapidement au centre de la ville, et une fusillade intense se fit entendre dans divers quartiers.

La place des Jacobins, que domine le Lycée, devint le théâtre d'un véritable combat; mais, chose remarquable, pendant que l'École Normale, qui en est voisine, était occupée militairement par les Allemands, malgré son drapeau d'ambulance, le Lycée ne recevait la visite d'aucun ennemi.

Ce n'est que le lendemain, 13, que le chirurgien en chef de l'armée d'occupation vint visiter l'Établissement et en prit immédiatement possession pour y installer un vaste hôpital de trois cent cinquante à quatre cents malades.

Il nous restait encore vingt-cinq lits d'occupés : nous les plaçâmes dans une même salle, et, comme il se trouvait à côté d'autres lits disponibles, les Prussiens y placèrent immédiatement leurs malades.

De cette façon, nous eûmes une salle commune, et notre visite a souvent coïncidé avec celle des médecins allemands. Nous n'eûmes jamais de rapport avec eux.

Au bout de quelques jours, les Prussiens exigèrent l'abandon complet du Lycée par les malades français, et, le 21 janvier, nous fûmes forcés d'évacuer sur diverses ambulances ceux qui nous restaient encore.

Une fois seuls dans l'Établissement, les Prussiens l'occupèrent en entier, à l'exception toutefois d'un dortoir situé sous les toits, et où couchaient les maîtres répétiteurs et les domestiques restés au Lycée. Les appartements du Censeur, de l'Econome et du Directeur de l'École primaire, furent les seuls respectés. Le Proviseur eut à loger et héberger le major de l'ambulance, quelques autres docteurs et des ambulancières prussiennes.

Il fallut démolir tous les gradins des classes pour y installer des lits, ces lits que nous connaissons et qu'ils faisaient fabriquer si facilement, avec une planche supportée sur quatre piquets et relevée en arrière pour former oreiller.

Les réfectoires, l'École primaire annexée au Lycée furent remplis de leurs malades.

Le parloir fut converti en un vaste vestiaire, où l'on conservait l'équipement des soldats entrés à l'ambulance. Une étude servait de salle des morts, et une autre de salle d'opérations chirurgicales.

Les Prussiens préparaient eux-mêmes leurs aliments dans la cuisine du Lycée, dont ils partageaient l'usage avec les garçons restés dans l'Établissement. La base de leur alimentation, du reste, était de la viande crue, hachée et mélangée à divers aromates.

Pendant leur séjour, ils ont toujours eu de trois à quatre cents malades ; il est toutefois impossible de donner le chiffre exact de ceux qui sont entrés à l'ambulance. La variole a été rare chez eux, ce qui tient aux revaccinations fréquentes auxquelles sont soumis leurs soldats. En revanche, ils ont eu de nombreux cas de fièvre typhoïde.

Il paraît également impossible de donner le nombre de leurs décès, qui paraît cependant avoir été considérable. Malgré le soin qu'ils prenaient de leurs soldats, presque tous leurs amputés ont succombé.

Pendant deux mois, nous avons pu voir à l'œuvre le corps médical allemand, et nous sommes forcés de convenir que son organisation est bien supérieure à celle de la médecine militaire en France. Cela tient, je crois, en grande partie, à son indépendance complète de l'administration militaire. Ainsi, quand il s'est agi de trouver un établissement pour le convertir en hôpital, c'est le médecin en chef qui s'est chargé de cette mission. En France, le médecin eût été obligé d'en référer à l'Intendance.

Je crois qu'il faut attribuer à cette indépendance médicale la manière admirable dont sont approvisionnées leurs boîtes de médicaments et leurs boîtes à pansement. Les appareils les plus complexes et les plus coûteux leur étaient expédiés de Prusse suivant leurs besoins et leur arrivaient à destination avec une grande rapidité. C'est ainsi que nous les avons vus se servir de pièces à suspension, de gouttières assez compliquées, de matelas hydrostatiques, tous appareils qu'on rencontre dans les hôpitaux civils, mais qu'une armée en campagne ne traîne pas habituellement avec elle.

Quand un blessé était transportable, ils l'évacuaient sur l'Allemagne, et, dans les derniers temps de leur séjour, nous les avons vus diriger sur le chemin de fer des malades dont l'état nous semblait désespéré. Ils n'hésitaient cependant pas à les faire partir, tellement ce transport s'effectuait avec facilité.

Nous avons voulu nous rendre compte par nous-mêmes de la manière dont se faisait ce voyage, et nous avons visité un train qui se trouvait en partance dans la gare du Mans. Les voitures qui le composaient portaient encore sur les côtés les noms d'une compagnie hanovrienne à laquelle ils appartenaient. On avait enlevé les banquettes qui les garnissent habituellement, et disposé dix lits dans l'intérieur de la voiture. D'un côté, dans le sens de la longueur, se trouvaient six lits superposés par deux, comme des hamacs; de l'autre il n'y en avait que quatre. La partie correspondant aux deux lits du milieu était occupée par un calorifère et munie d'une boîte à pansement. Chaque lit, composé d'une planchette en bois surmontée d'un matelas, était suspendu par de doubles anneaux en caoutchouc, et je puis assurer qu'on y était confortablement couché. Chaque voiture avait un infirmier surveillant, et communiquait avec les autres voitures par un plancher mobile qui les unissait toutes entre elles.

Au milieu du train se trouvaient deux voitures destinées à la cuisine et à ses accessoires.

En tête se trouvait un wagon destiné au chirurgien en chef, avec une salle d'opérations, et une autre voiture destinée à la pharmacie. Le train que je visitai, et qui se composait d'une trentaine de voitures, était arrivé d'Allemagne quelques jours après la conclusion de l'armistice, et ramena immédiatement des blessés.

Quand la paix fut définitivement conclue, la ville du Mans contenait des blessés nombreux et qu'il paraissait difficile d'évacuer sans danger sur une destination lointaine. En effet, il fut convenu que les Prussiens garderaient encore possession du Lycée jusqu'au départ de leur dernier malade, mais des ordres survenus à l'improviste les obligèrent à modifier leurs projets, et du soir au lendemain il leur fallut vider l'Établissement.

Les troupes prussiennes avaient quitté la ville le 9 mars, mais ce n'est que quatre jours après, c'est-à-dire le 13, que le Lycée fut débarrassé de leurs derniers malades.

3° APRÈS L'INVASION

Les Prussiens étaient partis, mais avant de faire la réouverture du Lycée, il fallait songer à l'assainir, car classes, études, dortoirs, tout avait été rempli de malades. Il était à craindre que des germes infectieux, laissés dans l'Établissement, ne pussent devenir le point de départ de graves épidémies. Or rien ne fut négligé pour détruire tout principe de contagion.

Voici, en effet, les diverses opérations auxquelles il fut procédé, sous la direction de M. Charault, professeur de physique et de chimie au Lycée, et de M. Lesueur, commis d'économat.

Les travaux d'assainissement commencèrent par les classes, car il était urgent de les rendre aux professeurs pour commencer leurs cours.

Ces travaux durèrent cinq jours.

On commença par brosser énergiquement les murs et les plafonds avec des brosses de chiendent, pour enlever les poussières et les miasmes qu'elles auraient pu contenir, ensuite on pratiqua trois badigeonnages à la chaux.

Les planchers furent lavés à grande eau, pour enlever toutes les impuretés, après quoi on les lotionna avec de l'eau chargée de sous-carbonate de soude :

Eau..................	10 litres.
Sous-carbonate de soude.	500 grammes.

On pratiqua ensuite trois lavages successifs avec de l'eau chlorurée dans les proportions suivantes :

Eau..................	10 litres.
Chlorure de chaux.....	500 grammes.

Après quoi on effectua une fumigation avec de l'acide phénique. Voici comment on pratiqua cette opération :

Toutes les ouvertures étant parfaitement closes, on plaça dans un petit chaudron en fer parties égales d'eau et d'acide phénique, et on fit bouillir le mélange. (Vingt à trente grammes environ d'acide phénique sont nécessaires pour désinfecter 150 mètres cubes d'air.) Au bout de douze heures, on ouvrit toutes les fenêtres, on aéra autant que possible, puis on plaça sur les planchers de nombreuses assiettes, contenant du chlorure de chaux légèrement humecté d'eau vinaigrée. On laissa ces assiettes en place pendant plusieurs jours.

Toutes les opérations qui précèdent furent répétées dans toutes les parties du Lycée infectées par les Prussiens.

En outre, les fosses d'aisances furent vidées et arrosées de la dissolution suivante :

Eau..................	10 litres.
Sulfate de fer.........	500 grammes.

La partie la plus délicate de l'assainissement était dans l'intérieur même du Lycée, dans les parties où séjournent le plus les élèves, les études et les dortoirs.

On y travailla du 18 mars au 13 avril. Toutes les opérations précédemment décrites furent répétées avec le plus grand soin.

Tous les lits, et ils sont en fer, furent frottés, lavés avec de l'eau chlorurée, essuyés et mis à l'air dans les cours. Tous les sommiers furent refaits et presque toutes les toiles remplacées. L'étoupe fut renouvelée en entier. On fit bouillir le crin dans l'eau avant de l'employer de nouveau ; on détruisit celui qui était maculé. Tous les matelas furent refaits et une grande partie des toiles remplacées. La laine qui était malpropre fut lavée à l'eau chaude, séchée et remuée au grand air. Celle qui était propre était étendue tous les matins sur de grands treillages, et on la remuait fréquemment pour faciliter le passage de l'air.

Les couvertures de laine furent lavées à l'eau chaude et au savon. Il fut impossible alors de leur faire subir un autre mode de blanchissage.

Tous ces objets restèrent près d'un mois dans les cours et sous les galeries, et on avait eu soin de laisser entre chacun d'eux un espace assez considérable pour que l'air pût circuler en toute liberté. Enfin toutes les pièces de literie furent rassemblées dans deux dortoirs et exposées pendant plusieurs jours à des fumigations d'acide phénique.

Toutes les enveloppes des traversins furent lavées, et une grande partie ont été remplacées.

La plume, après avoir été triée avec soin, fut mise dans de grands sacs de toile légère, qu'on portait au soleil dans les cours et qu'on remuait souvent. Enfin les traversins, une fois refaits, furent placés dans un appartement, sur des perches, des échelles, à un mètre environ du sol et soumis à de fortes fumigations phéniquées.

Les peintures à l'huile furent refaites partout où on le jugea nécessaire, notamment à l'Ecole primaire.

Tous les débris de paille, tous les objets que l'on pouvait soupçonner de quelque danger d'infection furent brûlés dans les jardins.

Malgré le soin minutieux avec lequel toutes ces opérations furent pratiquées, aucune des personnes de l'Établissement employées à la désinfection n'en éprouva d'accidents, et il n'est pas à ma connaissance qu'aucune des personnes du dehors en ait ressenti une mauvaise influence.

La rentrée des externes se fit le 17 mars, et cent soixante-onze se présentèrent pour suivre les cours. Les élèves internes ne purent rentrer que le 13 avril, et cent sept pensionnaires furent réintégrés dans les dortoirs.

Les travaux d'assainissement avaient été bien efficaces, car dans les quatre mois qui s'écoulèrent jusqu'aux vacances, nous n'eûmes pas un seul malade à l'infirmerie.

L'état sanitaire persista à la rentrée du mois d'Octobre, car, quelque brillante que fût la rentrée et quoique le nombre d'élèves eût atteint un chiffre qu'on ne connaissait plus depuis plusieurs années (cent soixante-douze pensionnaires, cent quatre-vingt-treize externes), nous n'avons eu à observer dans ce trimestre aucune affection interne.

Nous pouvons même dire que, depuis dix ans que nous sommes médecin du Lycée du Mans, nous n'avons jamais observé, à cette époque de l'année, un état sanitaire aussi satisfaisant.

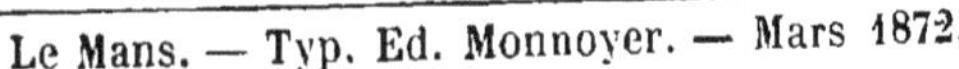

Le Mans. — Typ. Ed. Monnoyer. — Mars 1872.

www.ingramcontent.com/pod-product-compliance
Ingram Content Group UK Ltd.
Pitfield, Milton Keynes, MK11 3LW, UK
UKHW022207190726
13855UKWH00004B/1662

9 782013 041621